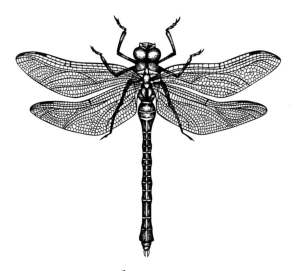

LIBÉLULA NEGRA

Gerenciamento de equipes para alta performance em 7 lições

Editora Appris Ltda.
1.ª Edição - Copyright© 2019 dos autores
Direitos de Edição Reservados à Editora Appris Ltda.

Nenhuma parte desta obra poderá ser utilizada indevidamente, sem estar de acordo com a Lei nº 9.610/98. Se incorreções forem encontradas, serão de exclusiva responsabilidade de seus organizadores. Foi realizado o Depósito Legal na Fundação Biblioteca Nacional, de acordo com as Leis nos 10.994, de 14/12/2004, e 12.192, de 14/01/2010.

Catalogação na Fonte
Elaborado por: Josefina A. S. Guedes
Bibliotecária CRB 9/870

C433l 2019	Chagas, Raphael
	Libélula negra: gerenciamento de equipes para alta performance em 7 lições Raphael Chagas. - 1. ed. - Curitiba: Appris, 2019.
	85 p. : il. ; 23 cm
	ISBN 978-85-473-3338-6
	1. Capacitação de empregados. 2. Diversidade no ambiente de trabalho. 3. Assessoria empresarial. I. Título. II. Série.
	CDD – 658.3124

Livro de acordo com a normalização técnica da ABNT

Appris editora

Editora e Livraria Appris Ltda.
Av. Manoel Ribas, 2265 – Mercês
Curitiba/PR – CEP: 80810-002
Tel. (41) 3156 - 4731
www.editoraappris.com.br

Printed in Brazil
Impresso no Brasil

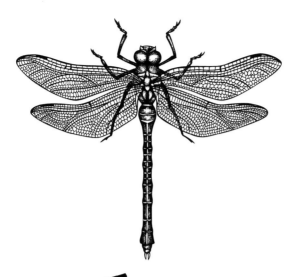

LIBÉLULA NEGRA

Gerenciamento de equipes para
alta performance em 7 lições

RAPHAEL CHAGAS

Master Coach

Appris editora

FICHA TÉCNICA

EDITORIAL
Augusto V. de A. Coelho
Marli Caetano
Sara C. de Andrade Coelho

COMITÊ EDITORIAL
Andréa Barbosa Gouveia (UFPR)
Jacques de Lima Ferreira (UP)
Marilda Aparecida Behrens (PUCPR)
Ana El Achkar (UNIVERSO/RJ)
Conrado Moreira Mendes (PUC-MG)
Eliete Correia dos Santos (UEPB)
Fabiano Santos (UERJ/IESP)
Francinete Fernandes de Sousa (UEPB)
Francisco Carlos Duarte (PUCPR)
Francisco de Assis (Fiam-Faam, SP, Brasil)
Juliana Reichert Assunção Tonelli (UEL)
Maria Aparecida Barbosa (USP)
Maria Helena Zamora (PUC-Rio)
Maria Margarida de Andrade (Umack)
Roque Ismael da Costa Güllich (UFFS)
Toni Reis (UFPR)
Valdomiro de Oliveira (UFPR)
Valério Brusamolin (IFPR)

ASSESSORIA EDITORIAL
Natalia Lotz Mendes

REVISÃO
Camila Moreira dos Santos

PRODUÇÃO EDITORIAL
Bruno Ferreira Nascimento
Fernando Nishijima
Giuliano Ferraz
Jhonny Alves
Lucas Andrade
Luana Reichelt
Suzana vd Tempel

DIAGRAMAÇÃO
Bruno Ferreira Nascimento

CAPA
Fernando Nishijima

COMUNICAÇÃO
Carlos Eduardo Pereira
Débora Nazário
Karla Pipolo Olegário

LIVRARIAS E EVENTOS
Estevão Misael

GERÊNCIA DE FINANÇAS
Selma Maria Fernandes do Valle

Meu propósito

SER ALUNO TODOS OS DIAS. APRENDER...

O valor da vida.

vô Oscar

A força do trabalho.

vovó Carmen

A perseverança da memória.

vó Elvita

Ouvir o coração.

vovô Paulo André

PREFÁCIO

Meu caminho felizmente cruzou com o de Raphael há 10 anos, período em que atuávamos em uma grande multinacional.

Naquele momento eu assumia a posição de Raphael na área comercial, pois ele estava sendo promovido para a área de treinamentos, sua grande paixão.

Pude acompanhar toda a transformação da carreira de Raphael, como treinador, no qual se consolidou como um dos melhores profissionais de seu segmento, como master coaching, mentor, palestrante e o nascimento de sua empresa de treinamentos e desenvolvimento humano.

Sempre tivemos em comum a sede pelo saber, a paixão por pessoas e a excelência em servir. A sede do saber me levou à formação de coaching e PNL, e a cursar o MBA pela FGV com enfoque em gestão de pessoas e liderança. Além da busca pelas teorias e tendências, possuo 20 anos de experiência em varejo, atuando na empresa número 1 no segmento de luxo no mundo.

Raphael possui algo escasso no mundo de hoje, a vontade de compartilhar o conhecimento. Isso sempre foi uma característica de sua personalidade. Sempre teve como desejo ir além do conhecimento que já compartilhava em seus treinamentos, queria atingir cada vez mais pessoas e com isso ser um agente de mudança.

A escrita de seu primeiro livro, *A mosca branca em vendas*, foi o resultado da latente vontade de compartilhar seu conhecimento, trabalho esse que resulta então no lançamento de seu segundo livro, que me sinto honrada em prefaciar.

A leitura deste livro é um chamado para quem atua no varejo, independentemente do segmento de atuação e que tem como aspiração evoluir profissionalmente. Recomendo, em especial, para pessoas que estão no início de sua jornada como gestores, posição essa que tem um importante papel de educar e desenvolver as pessoas, responsabilidade esta que muitas vezes é negligenciada pelo próprio governo e pelo nosso desafiador sistema educacional. Sendo assim, é possível constatar que o setor privado tem assumido o desafio de contribuir com a construção de um país mais fortalecido e como também com uma força de trabalho mais preparada face aos desafios atuais.

Quando iniciar a trajetória deste livro, caminhando por seus sete deliciosos capítulos, esteja aberto a revisitar alguns conceitos que você possa já ter ouvido em sua carreira, entretanto, certamente a leitura deste livro te convidará a uma reflexão com o foco na aplicação dos conceitos apresentados.

Evoco o sábio provérbio que diz: Saber e não fazer, é não saber!

Se você é um gerente de primeira viagem, este livro será seu guia diário. A leitura é leve, os conceitos são atuais e as técnicas apresentadas comprovadamente funcionam.

Desejo que este livro seja para você, leitor, um chamado para a AÇÃO.

Boa leitura!

DANIELA GONTIJO
Retail Marketing Manager, South America
Louis Vuitton Americas

APRESENTAÇÃO

Tal qual a *Mosca Branca*, quando vi a Libélula Negra pela primeira vez fiquei maravilhado! Mais um inseto raro e impressionante, no meio de tantos outros comuns. Vamos fazer nesta leitura como as raras Libélulas Negras: precisão, leveza e agilidade na correção da rota, para reordenarmos nossos pensamentos, encontrarmos o saber crítico e aplicarmos um modelo de gestão de pessoas provocador, e assim colhermos os resultados do desafio intelectual – a produtividade dos profissionais. Este livro é dedicado a todos os profissionais de gestão, liderança e gerência, que buscam, incansavelmente, pelo desenvolvimento de seus colaboradores e por melhores resultados.

O interesse dos líderes de equipes e profissionais da área de desenvolvimento humano em melhorarem a qualificação de seus gerentes é uma realidade. Fato que transferiu a responsabilidade pela evolução social em nosso país, de formar e educar pessoas, da construção dos papéis sociais (família, governo, espiritualidade, esporte e tantos outros), para a empresa, para o seu gerente. O empregador se torna o principal influenciador para a formação de uma nova massa de trabalho, com senso crítico, responsabilidade, disciplina e produtividade, e traz acima de tudo o construtor do propósito de suas vidas. O gestor assume o conjunto de papéis sociais e tem como incumbência devolver o empregado ao meio social melhor do que o encontrou.

O estudo das gerações, abordado em meu livro *Guia para se tornar a Mosca Branca em Vendas* (Editora Appris, 2018), revela um enorme desafio contemporâneo: lidar com a adversidade da formação das pessoas e as referências que cada geração carrega. Como então potencializar as habilidades profissionais em cada colaborador? Como conviver com tamanha diversidade na formação acadêmica das equipes de trabalho? Como gerir comportamentos com tecnologia? Como atingir melhores resultados em sua gestão? Como engajar pessoas? Como obter mais com menos?

Apresento aqui minha vivência sobre a nova gestão organizacional e a nova composição de equipes. Ambiente em que gerações distintas se encontram. Ferramentas de aprendizado se mesclam. Modelos mistos que convivem juntos. Crenças limitantes, paradigmas e inovação caminham de mãos dadas.

Transcrevo o pensamento de Paulo Reglus Neves Freire [1921-1997], educador que provocou meus pensamentos e da nossa geração, e já percebia os novos caminhos da educação moderna mundial: o poder da transformação por meio do pensamento.

> *"Não existe tal coisa como um processo de educação neutra. Educação ou funciona como um instrumento que é usado para facilitar a integração das gerações na lógica do atual sistema e trazer conformidade com ele, ou ela se torna a 'prática da liberdade', o meio pelo qual homens e mulheres lidam de forma crítica com a realidade e descobrem como participar na transformação do seu mundo."*

SUMÁRIO

1
O CONCEITO DA
LIBÉLULA NEGRA _____ 13

2
ESCURIDÃO E LUZ _____ 15

3
ANDRAGOGIA _____ 25

4
MILÊNIOS _____ 35

5
A GESTÃO MODERNA _____ 47

6
A FERRAMENTA DA GESTÃO MODERNA:
A ESCADA DA PRODUTIVIDADE _____ 55

7
A NOVA COMPOSIÇÃO
DE EQUIPES PRODUTIVAS _____ 71

CONCLUSÃO
O VOO DA LIBÉLULA NEGRA _____ 79

1
O CONCEITO DA LIBÉLULA NEGRA

Em um projeto de consultoria hoteleira na serra gaúcha, mais especificamente em São Francisco de Paula, que carinhosamente chamo de São Chico, na floresta particular da propriedade do Parador Hampel, tive o privilégio de ver pela primeira vez a rara Libélula Negra.

Um inseto raro, discreto, ágil e com uma capacidade única de reunir em seu voo precisão e leveza. Libélula... mais um inseto comum em nossas vidas, que passa despercebido. Porém ao ver a Libélula Negra meu olhar se deteve nela. Sua beleza, imponência e bailado chamam a atenção de qualquer visitante do parque. Na cachoeira Oxum, elas se concentram. Nesse momento nasceu esta obra. Quantos gestores conhecemos? Quantos são comuns e ordinários? Queremos uma liderança extraordinária! Ágil! Rara! Como aquelas libélulas que vi.

Tal qual a Libélula Negra, nossos gerentes de hoje para se tornarem preciosos necessitam de um novo modelo orientativo de carreira, bem como de novos e modernos estímulos para engajarem seus times e conseguirem melhores resultados. Resultados em diferentes áreas: disciplina, processos operacionais, gestão do cliente, manutenção comercial e financeira. Percebo que os líderes de hoje precisam desenvolver habilidades raras de conduzir pessoas com leveza, precisão nas decisões, agilidade para mudança e adaptação do curso. Uma formação educacional mista e, por vezes, experiências de vida intensas que refletem em sua formação gerencial.

Consideramos na Libélula Negra a relevância na formação do indivíduo, seu ambiente familiar, suas crenças, seu acesso e estímulos na escola, na religião, no esporte, nas relações sociais e amorosas. A vida em todas as facetas. Isso forma a pessoa. E a pessoa forma o **resultado**! Se queremos melhorar os resultados, precisamos perceber os caminhos que cada um trilhou.

Quando a Libélula Negra descobre sua potência de voar, ela inicia uma jornada de vida autônoma, coletiva e de exploração territorial. Seu alimento e proteção sempre serão as sombras úmidas da floresta. E sua recompensa será sua liberdade. Igual aos nossos gestores ou gerentes: a busca constante pela autonomia em sua gestão, um caminho colaborativo com seu time e a constante exploração das áreas da gestão. Sua recompensa: liberdade para conduzir sua equipe conforme suas crenças. Nossa floresta: o propósito de vida e o propósito da empresa. Ambos protegendo e alimentando esse voo.

Vamos começar mais uma jornada pelo voo da Libélula Negra e formar um novo time de gerentes. Construir um modelo único e raro de gestão, para a construção de equipes de alta produtividade. Vamos construir diferenciação gerencial e resultados superiores por intermédio de pessoas.

2
ESCURIDÃO E LUZ

O processo de desenvolvimento de pessoas é antagônico.

Somos marcados por antagonismos.

O que vale mais: um profissional graduado, com diploma e chancela, ou quem saiba fazer, mesmo sem diplomas e títulos? É melhor promovermos alguém do time, mesmo que não tenha as habilidades de liderança, ou contratarmos um novo sangue experiente, porém sem o nosso jeito de realizar?

E assim seguimos em nossas vidas, mediando conflitos. O conflito entre sombra e luz, branco e preto, direita e esquerda, certo e errado.

Crianças têm MEDO do escuro.

ADULTOS têm medo da LUZ

A escuridão projeta nosso imaginário para os lugares que desconhecemos e que encontram nossos medos. Dormir com a luz acesa nos afasta de enfrentar esses demônios mentais todas as noites. E assim, como a maioria das crianças, iniciamos nossa vida buscando o conforto da luz. A luz para os adultos é a interpretação do saber, do conforto e da segurança. E quando temos acesso à informação, à luz, temos que fazer algo. Ou seja, os antagonismos da vida são os agentes motivadores da ação!

Temos que iluminar. Temos que falar o que não é falado. Temos que transformar os pensamentos em ação. Temos que agir!

Antagonismos sempre moveram nossa sociedade para a melhoria. Impulsionaram a inovação e atravessaram séculos na formação de tribos, sociedades, cidades e empresas. Esses mesmos antagonismos do dia a dia hoje se tornam corresponsáveis pela formação do pensamento crítico individual. Polaridades que sempre estiveram presentes em nossas vidas. E sempre nos estimularam.

Onde houve divergência, houve crescimento. Divergir para convergir.

Esta é a **primeira lição** para construirmos uma liderança forte e equipes de alta produtividade: criar o pensamento crítico.

O pensamento crítico nasce dos antagonismos de nossas rotinas, do saber *versus* fazer, da meta e do resultado. Vamos pensar: provas de validação do conhecimento: escolas, vestibulares, cursinhos, universidades e tantas instituições de valor que qualificam e pontuam nosso pensamento crítico. Pense nos resultados atuais: abstenções, evasão escolar, notas baixas e reprovações. Recordes do baixo aproveitamento educacional. O reflexo desse fato para nós: novos profissionais chegando ao mercado de trabalho com menor qualificação, menor senso crítico e menor capacidade de tomada de decisão. E esses trabalhadores, em breve, tomarão decisões importantes em nossas vidas profissionais e determinarão os caminhos de nossas organizações e pessoas.

Em diversas áreas, no mercado de trabalho, encontramos desafios de contratação e, por consequência, na qualificação profissional. E voltamos a questionar a efetividade do ensino, o papel da empresa na formação social e as responsabilidades do gerente perante suas equipes.

Essas dores não são novas. São mais antigas que andar para frente. A solução para iluminarmos nossos caminhos se forma no passado. Vamos falar de luz!

Voltamos na história, e reencontramos a passagem pelo Iluminismo, período dos séculos XVII e XVIII marcado pela grande virada no pensamento humano, em que o homem pensante assume seu papel de pensador, enfrentando as leis divinas da igreja (que naquele momento restringia e determinava o pensamento), e começa a investir na ciência. Esse movimento intelectual e cultural se passou na França, Inglaterra e Holanda, irradiando-pelo mundo. Pensadores propagam ideias livres e questionam a intolerância religiosa perante a ciência e a liberdade do pensamento crítico; tais como, John Locke (1632-1704), Voltaire (1694-1778) e Jean-Jacques Rousseau (1712-1778). Se me permitem, transcrevo uma frase de Voltaire (pseudônimo de François-Marie Arouet – em minha opinião, um importante escritor e filósofo iluminista francês):

"Devemos julgar um homem mais pelas suas perguntas que pelas respostas."

E assim nasce o pensamento crítico social, um modelo revolucionário de estimular e desenvolver pessoas, o qual conheci por meio dos estudos publicados por Paulo Freire, por Malcolm Knowles na década de 1970 e tantos outros que já desenhavam o que chamamos de Andragogia. Séculos depois, nossa sociedade reencontra esse modelo mais maduro, e agora nossos gerentes e novos líderes encontram melhores resultados nesse modelo que vivencio diariamente.

Esses dias fui assistir aos filmes premiados pelo Oscar na Netflix. Afinal, até a forma de ver filmes mudou! Ao assistir ao filme *A dama de ferro* (*Iron lady*, 2011), retratando a vida de Margaret Thatcher, encontrei mais uma evidência da Andragogia.

Como ela está presente e viva em nossa geração.

Transcrevo o diálogo entre o médico e Margaret Thatcher, durante sua consulta rotineira de saúde:

Médico:
– O que você sente?

Thatcher:
– O que eu tenho que sentir? Os pensamentos se tornam palavras, as pessoas não pensam mais, elas sentem. Como se sente? Não me sinto confortável [...] Um dos maiores problemas da nossa era é porque somos governados por quem mais liga para sentimentos do que para pensamentos e ideias. Os pensamentos se tornam palavras. Cuidado com seus pensamentos, pois eles tornam-se palavras. Cuidado com as palavras, pois elas tornam-se ações. Cuidado com as ações, pois elas tornam-se hábitos. Cuidado com os hábitos, pois eles tornam-se a tua personalidade. Cuidado com a tua personalidade, pois ela torna-se o teu destino. Nós nos tornamos o que nós pensamos.

Observem o foco no pensar. E como os sentimentos são sempre prioritários nas perguntas que fazemos. A relevância das ideias é maior que os sentimentos.

Tudo que Thatcher valida é o empoderamento do pensamento estruturado em ideias, hábitos e resultados. Mais um antagonismo para nossa força motriz: sentir e pensar!

ESTUDO DE CASO

IRMÃOS VILLAS-BÔAS

Aqui no Brasil, em 1948, os irmãos Cláudio, Orlando e Leonardo Villas-Bôas também retrataram em seu estudo, no Parque Indígena do Xingu, o comportamento das tribos indígenas, e em uma das vertentes sua forma de transmissão do conhecimento.

Com o lema "O índio só sobrevive na sua própria cultura", transcrevo o pensamento de Cláudio Villas-Bôas: "Se achamos que nosso objetivo aqui, na nossa rápida passagem pela Terra, é acumular riquezas, então não temos nada a aprender com os índios. Mas se acreditamos que o ideal é o equilíbrio do homem dentro de sua família e dentro de sua comunidade, então os índios têm lições extraordinárias para nos dar."

E após anos de vivência, imersos nessas comunidades, descobriram mais um elemento importante para o estudo indigenista brasileiro, e que também completa meu estudo da Andragogia: a relevância do registro do saber. A escrita. As tribos indígenas xinguanas tinham dificuldade com a escrita e por vezes ausência da escrita. Pela ausência do registro do conhecimento, continuavam a viver, dormir, alimentar-se da mesma forma, desde a época do descobrimento. Esse fator impediu essa sociedade indigenista de usufruir do desenvolvimento da medicina, tecnologia e conforto, mesmo dentro de seu propósito e universo. Mais do que preservar a cultura e os hábitos ancestrais, a ausência da escrita criou um ciclo limitado ao desenvolvimento. E apenas esse ponto carrego para o estudo da Libélula Negra, reconhecendo o valor amplo que esses irmãos trouxeram à nossa raiz, e os esforços que os deram duas honrosas indicações ao Nobel da Paz.

Para nossa gestão e alavancagem de produtividade temos que usufruir da informação já descoberta e tratada. Não vamos reinventar a roda. Vamos aprender com o Xingu. Como? Registrando! Utilizando a escrita em nosso bem evolutivo! Vamos continuar sempre de onde paramos, e não recomeçar!

Manuais operacionais, Descrição de Cargos, gestão à vista e tantos outros elementos que constroem nossa identidade corporativa e garantem processos claros e um caminho propício à efetivação dos padrões. A evolução do saber corporativo.

Todos esses pensamentos e pensadores estavam nos preparando para este momento, em que tecnologia, qualidade da informação, registro do saber e velocidade das conexões precisarão de gestores mais preparados. Não apenas na área técnica de atuação, e sim na compreensão da formação e identidade de seus membros de equipe. De um novo *mindset*. De uma antiga e nova forma de conduzir equipes para a produtividade.

Como vimos, os tempos mudam e as soluções possuem a mesma base, mais elaboradas e adaptadas ao nosso momento.

Aquele que se adaptar mais rápido à necessidade da mudança encontrará seus resultados primeiro, como nossas libélulas negras.

LENTES DE AUMENTO

Vamos utilizar uma lente de aumento para que possamos construir uma equipe de alta produtividade. Vamos efetuar um levantamento de dados e um mapeamento de habilidades para organizarmos as informações.

A estrutura base para uma gestão de alta produtividade é encontrar os padrões e referências já existentes: Descrição de Cargos e Avaliação de Desempenho.

VAMOS FAZER!

A. Leia a Descrição de Cargo de sua posição na empresa. Quais competências e responsabilidades você possui? Quais precisam ser desenvolvidas?

B. Leia a Descrição de Cargo de sua equipe. Quais competências e responsabilidades cada membro possui? Quais precisam ser desenvolvidas?

C. Agora compare suas percepções com a Avaliação de Desempenho individual. Quais características individuais de cada colaborador você relaciona ao resultado mensurado na avaliação?

PONTOS-CHAVE DO CAPÍTULO

- Lidamos com antagonismos diariamente, eles são os agentes motivadores da mudança.

- Quanto mais informação qualificada, maior a qualidade da tomada de decisão.

- Precisamos criar o pensamento crítico nas pessoas.

- Estudo de caso: irmãos Villas-Bôas – o poder do registro da informação.

- Ferramentas: Descrição de Cargos e Avaliação de Desempenho.

3
ANDRAGOGIA: UM MODELO DE GERENCIAR EQUIPES

Mantendo nosso pensamento estruturado na construção do pensamento crítico, no registro da informação e no uso de ferramentas modernas de gestão, daremos um passo à frente. Vamos compreender a metodologia de ensino para potencializar nossa prática e efetividade.

Vamos contextualizar as definições técnicas de adulto e criança para compreender o método andragógico.

Segunda lição para a construção de equipes
Adultos aprendem de forma diferente de crianças.

Vamos aprimorar a nossa forma de ensinar!

Vamos contextualizar as definições técnicas de adulto e criança para compreender o método andragógico.

ADULTO

Todo indivíduo que pode ser parte de um contrato. Torna-se responsável legal por suas atitudes e atos: votar, casar, viajar sozinho, conduzir veículos, fazer ingestão de bebidas alcoólicas e fumo, ter relações sexuais, trabalhar. Decidir por si seus caminhos.

CRIANÇA

Todo indivíduo que possui dependência e incapacidade de tomar decisões conscientes de suas consequências. Dessa forma, possuem um representante legal, para tornarem-se parte em contratos por seus atos, até a fase adulta.

Esse crivo é estabelecido pela sociedade, por governo e culturas, mediante a idade. Na média mundial, 18 anos separam a infância da vida adulta.

Sendo assim, a forma e o interesse em aprender se distinguem. Se tratarmos um profissional com o método pedagógico infantil, tiraremos a velocidade do pensamento e o empoderamento do profissional como responsável pela construção do resultado, e transferiremos para o gerente ou gestor a responsabilidade de atingir os resultados... sozinho. E faremos isso sem perceber. Os gestores serão cobrados pelo resultado, nem que, para isso, eles façam os atendimentos ao cliente, dobrem seus turnos e façam aquilo que sua equipe não faz. Quando utilizamos a Andragogia, empoderamos o pensamento crítico e a ação colaborativa. Ganhamos velocidade.

O modelo andragógico inspira-se em Platão. Nele, temos 6 pilares de estruturação para a compreensão das ações que precisamos tomar para estimular esses resultados na velocidade que precisamos, como as Libélulas Negras! Ele baseia-se nos seguintes princípios descritos a seguir. Ao longo de nossa leitura, farei associações na prática para cada lição. Vamos lá:

ESTRUTURA MENTAL

PRINCÍPIOS DE PLATÃO PARA O ENSINAMENTO

1) NECESSIDADE DE SABER

Adultos precisam saber por que precisam aprender algo e qual o ganho que terão no processo. Por que valerá a pena?

2) AUTOCONCEITO DO APRENDIZ

Adultos são responsáveis por suas decisões e por sua vida, portanto querem ser vistos e tratados pelos outros como capazes de se autodirigirem. Precisam de estímulo à autonomia.

3) PAPEL DAS EXPERIÊNCIAS

Para o adulto, suas experiências são a base de seu aprendizado. As técnicas que aproveitam essa amplitude de diferenças individuais serão mais eficazes.

4) PRONTIDÃO PARA APRENDER

O adulto fica disposto a aprender quando a ocasião exige algum tipo de aprendizagem relacionada a situações reais de seu dia a dia.

(5) ORIENTAÇÃO PARA APRENDIZAGEM

O adulto aprende melhor quando os conceitos apresentados estão contextualizados para alguma aplicação e utilidade.

(6) MOTIVAÇÃO

Adultos são mais motivados a aprender por valores intrínsecos: autoestima, qualidade de vida, desenvolvimento e propósito.

Dessa forma, garanta que em sua gestão você contemplará os 6 pontos na condução de seus colaboradores.

O movimento andragógico contribui para o fortalecimento do desenvolvimento das pessoas. Somam forças com a educação formal pedagógica e se complementam com a vida.

O desafio será transpor o modelo pedagógico de transferirmos a sabedoria de uma forma que aprendemos desde pequenos: certo e errado, copia, decora e reproduz. Para o desejado: o que me aproxima de minha meta? O que eu já vivi que pode contribuir para a melhoria dos processos? O que eu ganho com essa tarefa? (Princípio da Andragogia: necessidade de saber).

Veja o quadro que sintetiza os modelos complementares de educação, para elevarmos a percepção das diferenças. Veja como as crianças aprendem e como os adultos aprendem:

Pedagogia	Andragogia
Criança	Adulto
Repetição	Experimentação
Exemplo	Vivência
Certo e errado	Aproxima ou afasta
Meta	Propósito
Respostas	Perguntas
Busca pelo saber	Busca pelo fazer
Ser conduzido	Guiar

Para gerenciarmos nossas equipes, precisamos partir desse entendimento de métodos e aplicar os dois! Vamos construir um pensamento crítico, com tarefas e resultados. Equipes produtivas respondem melhor quando os dois métodos de transferir o conhecimento são aplicados em suas rotinas.

Por isso, não utilizamos mais o termo "liderança pelo exemplo", e sim a "liderança pelo confronto"!

Confrontar o exemplo com a vivência, confrontar a meta com propósito, confrontar a resposta com a pergunta, confrontar o saber com o fazer... temos que confrontar!

VAMOS FAZER!

A utilização da metodologia é mais perceptível em três ocasiões rotineiras:

Execução de tarefas, reuniões departamentais e treinamentos.

Na **execução de tarefas,** listamos as ações diárias, com suas responsabilidades e os resultados esperados. Algumas ferramentas de controle colaboram com o processo, veja alguns exemplos:

A) checklists operacionais;

B) quadros de gestão à vista;

C) roteiro de atendimento.

Quanto mais próximo de sua operação e conhecimento da rotina, melhor será sua capacidade analítica de aprimorar os esforços e elevar os resultados. Lembre-se de que a listagem de tarefas diárias contribui para a construção do pensamento crítico, e com uso e prática é esperado que a equipe o abandone no preenchimento (mas não na prática!) e o aprimore. Esteja aberto para efetivar as mudanças que a equipe demanda no uso contínuo da ferramenta (princípio da Andragogia: papel das experiências).

As **reuniões departamentais** estimulam o canal da comunicação, trazendo informações e atualizações, clareza e transparência. A qualidade da informação poderá influenciar na velocidade da produtividade da equipe. Dica: prefira fazer reuniões diárias, de curta duração (10 minutos), ao invés de uma reunião semanal ou quinzenal de 3 horas. A frequência diária trará a velocidade para as correções de rota e elevará a percepção de cuidado da equipe (igual à Libélula!). Eleja alguém de sua equipe para lhe ajudar na construção dos temas, das necessidades a serem tratadas nas reuniões (princípio da Andragogia: necessidade do saber). Para eleger esse profissional, leve em consideração a afinidade e o envolvimento com as tarefas e peça ajuda para aqueles que vibram com as tarefas e atingem resultados.

Para os **treinamentos**, observe se existe correlação entre as ações de capacitação e a Descrição de Cargos. Dessa forma, contribuiremos para que o treinamento possa ser efetivo e mensurado por meio das avaliações de desempenho. Observe quais habilidades que cada colaborador trouxe de sua história de vida que também reforçam sua competência de execução. Os treinamentos podem ocorrer *on the job* (enquanto o colaborador trabalha), presencial (em sala de aula) e *online* (por meio de videoaulas, web aulas e canais digitais) (princípio da Andragogia: orientação para aprendizagem).

A prática do método permitirá que você construa processos claros e a segurança necessária para conceder à equipe autonomia para a resolução dos problemas do dia a dia, sem que te consultem para cada decisão. Construa o ambiente propício para o pensamento crítico florescer (princípio da Andragogia: autoconceito do aprendiz).

LENTES DE AUMENTO

Encontre as ferramentas corporativas: checklist operacional, ata de reunião e avaliações de treinamentos.

Vamos pensar a forma que estimulamos a execução das tarefas, das reuniões departamentais e dos treinamentos:

- A) Como você acompanha a execução das tarefas diárias de sua equipe? Que ferramenta utiliza? Qual a efetividade dela? Qual ajuste percebe que pode fazer em seu método?

- B) Como você realiza as reuniões departamentais? Qual a frequência? Quais os temas mais recorrentes? Quem são seus colaboradores ativos nessa tarefa?

- C) Como você capacita seus colaboradores? Qual o calendário de treinamentos de cada colaborador? Quais treinamentos se conectam com a Descrição de Cargos? Quais treinamentos podem ter sua efetividade mensurada? Como esses treinamentos estimulam a vida de seus colaboradores?

PONTOS-CHAVE DO CAPÍTULO

- Adultos aprendem de forma diferente de crianças.
- A Andragogia complementa a Pedagogia.
- A Estrutura Mental: princípios de Platão para o ensinamento.
- Execução de tarefas, reuniões departamentais e treinamentos.

4

MILÊNIOS: RESULTADOS SÃO CONSTRUÍDOS, NÃO SÃO SORTE!

Uma nova geração nasceu. E com ela novos caminhos. Novos colaboradores. Novos gerentes. A cada ano que passa, vemos como a tecnologia interfere em nosso modelo de aprender, utilizar e armazenar as informações. Esta nova geração chamada Milênio (nascidos após o ano 2000), ou mesmo a Geração Z (Zapping), nasce imersa na tecnologia e nas mídias sociais. A forma de cuidarmos no dia a dia, no trabalho, faz parte do processo de construção do saber. Por isso, não basta estruturarmos o saber como Platão fez e estimular as equipes com a Andragogia, precisamos adequar nossos esforços a esta nova geração. Que possui estímulos e uma forma de construir o caminho com um dinamismo único.

Uma geração que nasce com o *"link na bio"*, com as *lives, stories* e *feeds* de notícias requer também uma nova forma de transferir e absorver o conhecimento. Pense na velocidade da informação, *nas fake news* e na busca pelo efeito viral.

E os questionamentos desta geração surgem: "Afinal, para que serve a empresa então se já tenho a informação?", "O que vou aprender e realizar aqui que eu já não saiba?", "Que carreira vou seguir?", "Nada disso me estimula", "Tudo que quero saber está em meu celular"...

Fatos:

A INFORMAÇÃO ESTÁ AO ACESSO DE TODOS, MAS O CONHECIMENTO NÃO. TER A INFORMAÇÃO NÃO É GARANTIA DE CONHECIMENTO. TER A INFORMAÇÃO NÃO GERA O PENSAMENTO CRÍTICO

(e talvez esta geração não tenha percebido isso).

É por isso que temos a percepção do apagão da mão de obra. A falta de pessoas engajadas, ambiciosas e determinadas como nós éramos nessa idade. Da ausência de currículos qualificados, do pensar, da ausência da proatividade e da falta de vontade de fazer e realizar. A insistência em ficarem conectados ao celular, às redes sociais.

O QUE VAMOS FAZER?

Vamos organizar os pensamentos e as crenças limitantes! Mais um fato: a mão de obra existe. Vamos captar mais pessoas para a seleção e efetivar um modelo de entrevistas que aproximará as pessoas de seus propósitos. A partir daí, vamos elaborar nossa estratégia de gestão dessas pessoas, orientadas para resultados.

Precisamos rever o nosso olhar e nossa habilidade em nos prepararmos. Esperar currículos e fichas de solicitação de emprego de forma potencializada com essa abordagem tecnológica, ampliando a área de captação de talentos. Quantos mais candidatos atrairmos para o processo, mais talentos conheceremos e tomaremos melhores decisões. Utilize mídia social, sites especializados e parceiros para encontrar mais e melhores candidatos. Utilize a Descrição de Cargos para ser o guia para a divulgação da vaga. Quanto mais tangível, clara e objetiva for a sua Descrição de Cargos, mais efetivo será o anuncio da vaga para encontrar as pessoas.

GUIA RÁPIDO PARA PREPARAÇÃO DE UMA ENTREVISTA DE EMPREGO

Utilizar um processo de entrevistas estruturado, efetivo em experiências vividas, pode revelar as competências que precisamos. Uma boa entrevista é aquela em que você faz perguntas exploratórias do saber e da experiência de vida, e as relaciona com a Descrição de Cargos e o propósito.

O processo da entrevista:

A) Elabore a Descrição do Cargo, a ficha de solicitação de emprego, estude o currículo do candidato e reserve um horário para a ação.

B) Faça uma lista de perguntas abertas, exploratórias e que revelem divergências e convergências nas atitudes, no pensamento.

C) Contrate cérebros e não braços.

D) Apresente-se e conte o que você faz e como funcionará o processo seletivo. Aponte datas e prazos.

E) Apresente ao candidato o propósito da empresa.

F) Peça que ele se apresente e conte o que é relevante para ele em sua trajetória escolar e profissional.

G) Faça as perguntas exploratórias.

H) Apresente ao candidato a Descrição do Cargo para que ele conheça as tarefas.

I) Tire as dúvidas que ele possa ter.

J) Encerre apontando os próximos passos. Lembre-se de que sempre damos a devolutiva se ele não for aprovado.

K) Na dúvida, continue procurando, não contrate!

L) Não julgue o candidato na entrevista! Faça um mapeamento das atitudes e as compare com a Descrição de Cargos. Se necessário, peça para outra pessoa entrevistá-lo.

Construir uma equipe produtiva é ter um excelente começo.

Opte pela diversidade de perfis e talentos.

Mais difícil de gerir, porém resultados superiores virão.

Das divergências surgirá a força motriz para os resultados.

EXEMPLOS DE PERGUNTAS PARA UMA ENTREVISTA:

- "Me conte uma vez em que seu líder solicitou uma meta e você a superou. O que você fez?"

- "Me conte uma situação que ocorreu com um cliente que você não conseguiu resolver. O que você aprendeu com isso?"

- "O que você descobriu de nossa empresa que te estimulou a solicitar um emprego?"; "O que você descobriu de nossa empresa que percebe que pode nos ajudar a melhorar?"

- "Como pessoas que pensam diferente de você podem te ajudar a superar as metas?"

PERGUNTAS QUE **EVITAMOS** EM ENTREVISTAS:

- "Quais são seus principais defeitos?"

- "Quais são as suas principais qualidades?"

- "Porque você foi desligado ou desistiu dessa empresa?"; "O que você vai fazer aqui para melhorar os resultados?"; "Você é flexível?"; "Você é uma pessoa focada em resultados?"

Essas perguntam fechadas estimulam respostas prontas, pensamentos montados e desconectados com o propósito individual e coletivo. Ao final de uma entrevista que segue essa estrutura você não saberá ao certo o que está trazendo para dentro de sua empresa. Precisará contar com a sorte.

Resultados são construídos.
Não são sorte!

Partindo dessa premissa, construímos e contratamos as pessoas que vibrarão com nosso projeto. Assim venderemos mais e atenderemos melhor. Selecionar, entrevistar e contratar profissionais de uma forma que acelere essa construção.

Não temos sorte de encontrarmos clientes que foram estimulados pelas nossas vitrines, fachadas de lojas e escritórios, nem tampouco atraídos pela nossa reputação. Não tivemos sorte de ter o mix de produtos em nossas lojas e cardápios. Temos uma estratégia! E as respostas a essa estratégia são o nosso sucesso!

Com esta nova geração, tecnologia e método andragógico, estamos construindo os resultados. Dia após dia.

Mantenha o foco da equipe nos fatores que controlamos. Se controlamos, cuidamos. Se cuidamos, construímos. Se construímos, batemos a meta!

As soluções estão dentro: desenvolvimento comercial, monitoria e análise da taxa de conversão, contorno de objeção e atendimento excelente (a Mosca Branca!).

Cuidado com as objeções da equipe para a baixa produtividade. Os problemas serão apontados. E começam com os que estão fora de nossa empresa: não entra cliente, o ponto comercial é ruim, a crise financeira afastou os clientes, acham caro...

ESTUDO DE CASO

A EXPERIÊNCIA HAWTHORNE

Resultados estão relacionados diretamente com a nossa capacidade de cuidar desta geração. Desde a década de 1920 já percebemos esse movimento, que conheci como **a experiência Hawthorne**. Quando trabalhadores de uma fábrica de componentes telefônicos (a Western Electric Company, no bairro de Hawthorne, em Chicago) foram submetidos a métodos de monitoria de engajamento e produtividade associados à salubridade das instalações de trabalho, o Conselho Nacional de Pesquisas dos Estados Unidos (*National Research Council*) buscou aprimorar a forma de contribuir para o bem-estar do trabalhador, e também na melhoria da produtividade individual.

Acreditava-se que quanto maior a iluminação da sala de trabalho, maior a capacidade produtiva das equipes. Dezenas de pesquisadores passam a monitorar e mapear o rendimento do trabalho da equipe e os watts das instalações. E de forma estruturada elevaram mês a mês a intensidade de luz na sala. E os resultados acompanharam o aumento dos watts na fábrica. Tinha-se a fórmula do sucesso! Iluminar, iluminar e iluminar.

Para toda prova, a contraprova.

Diminuíram então a intensidade de iluminação das salas de trabalho, até o estágio inicial da pesquisa.

Os resultados continuaram a subir. O estudo então se finda conclusivo: iluminação não gera produtividade.

Mas o que houve então para essa unidade fabril que elevou a produtividade, com as mesmas pessoas e com as mesmas ferramentas de trabalho?

R E S P O S T A:

As equipes apontaram que, pela primeira vez, alguém na empresa havia perguntado: "A altura da bancada é do seu agrado?", "A iluminação da fábrica é apropriada para você trabalhar?". Sentiram-se cuidados.

Terceira lição:
cuidar e se interessar
genuinamente pelas
pessoas. Isso constrói
o engajamento.
Engajamento constrói
o pensamento crítico.
Pensamento crítico
gera resultados.

Pessoas se engajam em pessoas. Líderes que constroem equipes de alta produtividade engajam pessoas em seu projeto (princípio da Andragogia: motivação).

Voltamos aos dias de hoje: com o avanço da tecnologia e medicina, vivemos mais que nossos avós. Nossos filhos viverão mais que nós. Mais qualidade, mais longevidade.

Uma geração que busca a convivência colaborativa presencial e virtual. Que valoriza propósito empresarial e a convergência com as crenças pessoais. A preservação da natureza e melhor uso dos recursos naturais. O uso da tecnologia para o conforto colaborativo social e ambiental.

E a esses fatos potentes dos Milênios temos a consequência: adolescência tardia desta geração. Homens e mulheres de trinta e poucos anos com comportamentos juvenis, sem saber o que vão fazer quando crescerem. Que vivem e dependem financeiramente da família e dos pais. Que projetam em seus empregadores a responsabilidade de prover dinheiro, segurança e educação. Seu futuro.

O que os Milênios precisam? O que os líderes podem fazer por eles?
Precisam de cuidado, igual nossos amigos indigenistas do Xingu, da Dama de Ferro com seus pensamentos, dos trabalhadores em Hawthorne e de nossas Libélulas Negras em São Chico.

O que vamos fazer com esta geração?

Suprir o papel faltante e cuidar desta geração.

A forma do cuidado, denomino A Gestão Moderna.

PONTOS-CHAVE DO CAPÍTULO

- Geração Milênio ou Zapping.
- A informação está ao acesso de todos, mas o conhecimento não.
- Ter a informação não é garantia de conhecimento.
- Ter a informação não gera o pensamento crítico.
- Guia rápido para realizar entrevistas de trabalho.
- Resultados são construídos. Não são sorte!
- Estudo de caso: Experiência Hawthorne.
- Cuidar e se interessar genuinamente pelas pessoas. Isso constrói o engajamento. Engajamento constrói resultados.

5

A GESTÃO MODERNA

Libélulas Negras encontram na floresta abrigo e alimento. Nossos colaboradores encontram em nós abrigo e alimento. É nossa responsabilidade criar um ambiente que fortaleça os talentos individuais e os converta em resultados.

Um novo caminho se desenha na Gestão. Terminologias são aprimoradas: de chefe para patrão. De patrão para gerente. De gerente para líder. Líderes para liderar, gerir, mover, influenciar, inspirar. Palavras se multiplicam para descrever responsabilidades atribuídas ao líder.

Gerir o propósito, as pessoas, processos, clientes e resultados se tornou essencial para consolidarmos equipes de alta produtividade, e essas etapas são a estrutura da Gestão Moderna. Vamos conhecer os 5 pilares e, no próximo capítulo, vamos utilizar a ferramenta para o seu dia a dia. Vamos lá:

1 DNA

Propósito. Crença. Missão. Visão. Valores. Sonho. Nosso sangue. Identificar nosso DNA e, a partir daí, atrair os talentos que convergem para essa fé. E a fé é inabalável. Maior que o sentido espiritualizado que essa palavra nos revela. A essência de acreditar. Dar crédito a alguém. A clareza do que somos constrói o caminho para a formação das equipes de alta performance. Inegociável. Indelegável.

(2) PESSOAS

Time. Braços. Um só corpo. Vários cérebros. Mais que mãos. Divergir para Convergir. Encontrar nas diferenças a unidade. Uníssono. Vibração. Vibrar junto. Valor. Vida. Razão de ser líder. Compartilhar. Autonomia. Uma equipe é feita de pessoas. Liderança é feita da capacidade de um líder mover sua massa. Seu povo. Sua gente. Empoderamento. Pertencimento.

(3) PROCESSOS

Padrão. Fluxo. Previsão. Cálculo. Estratégia. Manual. Orientar. Criar. Monitorar. Autonomia. Processos são vivos. Ferramentas de gestão são vivas. Aprimorar sempre. Mudar e ajustar continuamente. Registrar. Manualizar. Mapear. Encontrar em processos administrativos rotinas voláteis e ágeis para a adequação do mercado.

(4) CLIENTES

Termômetro. Conexão. DNA. Razão de servir. Ouvidoria. Agilidade na mudança. Dinheiro. Provedor. Experiência de compra. Experiência de vida. Referências. O cliente tem sempre razão. E quando ele não tem razão, voltamos a ler a frase anterior. Não culpá-lo. Corrigir. Ajustar. Vender. Ajude seu cliente a viver seu propósito, e com isso comprar mais seus serviços e produtos. Diminuir ruídos e conflitos durante a experiência. Crescer no valor e não no preço.

(5) RESULTADOS

Mensuráveis. Quantitativo. Qualitativo. Crescente. Produtividade. Alavanca. Construídos. Consequência de nossa gestão. Desafio intelectual. Fazer *versus* saber. Treinar. Monitorar.

O gestor moderno deve, cada vez mais, cumprir o papel de formador de pessoas: ser pai e mãe, delegado, advogado, padre e professor. Ensinar os bons costumes e formar o conjunto de crenças e valores individuais. A mistura de gerações e as divergências na formação propiciam um ambiente de trabalho mais misto e mais difícil de gerir. Por isso, vamos balizar todas as diferenças e construir um caminho.

Formar equipes que possuem o mesmo propósito é o elemento que os aproximará de resultados superiores. Esses cinco pilares contribuirão para você segmentar ações, monitoria e metas para cada etapa.

A alavanca da produtividade está no processo de seleção de pessoas engajadas em uma crença ou propósito convergente, compartilhando o mesmo ideal.

A engrenagem é construída pelo **desafio intelectual** que a posição oferece e os estímulos ao pensar que a liderança propõe à sua equipe. A geração do Milênio quer pensar! Quer exercitar o saber! Mas nem sempre verbalizam isso, ou encontram espaço para esse exercício.

Ao contratarmos um novo profissional, exigimos na entrevista inovação, dinamismo e coragem. Quando ele inicia seu trabalho e provoca essas habilidades, seus gestores são os primeiros a colocarem as barreiras: "Quem mudou tudo de lugar?", "Não fazemos dessa forma aqui!", "Antes de fazer qualquer coisa, me deixe revisar", e assim aquilo que o estimulou a entrar em nossa empresa, o desafio intelectual de construir algo novo, de provocar as regras e normas, de ser uma parte efetiva na construção do futuro da organização, é banido. Imediatamente esse profissional deixa de fazer o extraordinário, e entrega o ordinário. E o gestor na hora pensa: "Eu não disse... foi só passar o prazo de experiência e as pessoas mudam, e revelam o que elas são de verdade! Agora que já garantiu direitos trabalhistas, mostrou quem realmente é! Mediano como todos os outros", "Já sei! Vamos colocar um bônus!". Políticas de premiação, bônus e estímulos financeiros deixam o patamar de diferencial para se tornarem a base de qualquer oferta trabalhista. Atenção ao compor essas estratégias, que hoje são esperadas, e não são estímulos adicionais.

Quando não promovemos o desafio intelectual estruturado, sabotamos o processo e as pessoas. E tomamos decisões de impulso, sabotando a nossa própria estratégia.

E acreditamos que ninguém serve para a função.

Que a vassoura nova varre até os cantinhos, mas depois...

Não caia nessa armadilha!

Estimule as mudanças, estimule os desafios e estabeleça os parâmetros. Como? Com a Descrição de Cargos, com a agenda das Avaliações de Desempenho, com os quadros de gestão e monitoria diária dos resultados!

Desta forma, o líder assume diversos papéis, para diferentes pessoas, em diferentes momentos. Ser volátil, se adaptar a cada bagagem cultural e orientar as equipes para o resultado. Compor essas habilidades e conhecimentos, estimuladas pela atitude esperada, em pessoas diferentes, transforma a gestão de pessoas e processos.

DNA claro, pessoas certas, processos definidos, gestão do Cliente e Resultados.

Na Gestão Moderna buscamos transformar a sociedade, construir o pensamento crítico, e promover o melhor ambiente de trabalho.

Tomar decisões faz parte da rotina de líderes para essa transformação.

Boas decisões dependem de nossa capacidade de coletar evidências.

Da qualidade das evidências.

Das pessoas que utilizarão a decisão para agilizar processos para resultados superiores.

Pessoas se engajam em pessoas. A base do engajamento é a confiança.

Quarta Lição:
Para construirmos confiança precisamos agir com transparência.

Segundo Robert Levering, fundador da consultoria Great Place to Work Institute: *"é muito importante promover a confiança nos ambientes de trabalho. Quando os gestores estão dispostos a compartilhar informações de modo transparente e sincero, e a mostrar de verdade o que motiva seu comportamento, a confiança do funcionário aumenta. Para confiar em alguém, precisamos sentir que entendemos as razões pelas quais essa pessoa faz certas coisas ou nos pede algo. Pequenos gestos fazem diferença."*

Agir com transparência é saber que todos têm direito e acesso à informação.

No momento certo. No quadrante adequado. Na quantidade adequada.

Por isso, utilizamos os 5 pilares da Gestão Moderna. Para oferecermos as pessoas, durante todo o seu processo de construção e desenvolvimento, as informações necessárias para sua produtividade através do desafio intelectual e da confiança.

VAMOS FAZER!

A) Quais são os elementos da Gestão Moderna que você tem maior facilidade em gerir?

B) Quais elementos você tem dificuldade?

C) Como estimular cada etapa na equipe? O que você precisa fazer?

D) Suas decisões são tomadas de impulso ou estruturadas?

E) Como está a transparência em sua gestão?

F) Sua equipe tem acesso às informações que precisam?

PONTOS-CHAVE DO CAPÍTULO

- A Gestão Moderna: DNA, Pessoas, Processos, Clientes e Resultados

- O líder assume diversos papéis, para diferentes pessoas, em diferentes momentos: somos pais, mães, professores, juízes e delegados.

- Vamos formar pessoas melhores para a sociedade.

- Pessoas se engajam em pessoas. A base do engajamento é a confiança.

- Para construirmos confiança precisamos agir com transparência.

6

A FERRAMENTA DA GESTÃO MODERNA: A ESCADA DA PRODUTIVIDADE

Hora de colocarmos em prática o nosso desafio intelectual na construção de equipes de alta produtividade. Subir a escada e elaborar uma estratégia de crescimento: essa é a ferramenta!

Faço aqui uma adaptação do estudo de 1965 de Bruce Wayne Tuckman, o qual me inspirou a criar essa ferramenta. Ela é composta por quatro etapas: Formação, Adequação, Normatização e Produtividade. Para cada etapa, um foco de trabalho, uma capacidade produtiva ($), uma ferramenta de orientação e uma ferramenta de gestão.

Primeiro vamos conhecer a Escada e depois iremos preencher a sua!

Observe que para cada etapa temos pontos de trabalho diferentes, ferramentas diferentes, uma forma de atuação gerencial diferente, metas diferentes e produtividades diferentes. Personalizar sua gestão e não massificar. A partir de agora, não trataremos mais todos da mesma forma (claro que o respeito e os princípios da conivência humana se mantêm! E aqui estamos focados em Gestão Moderna).

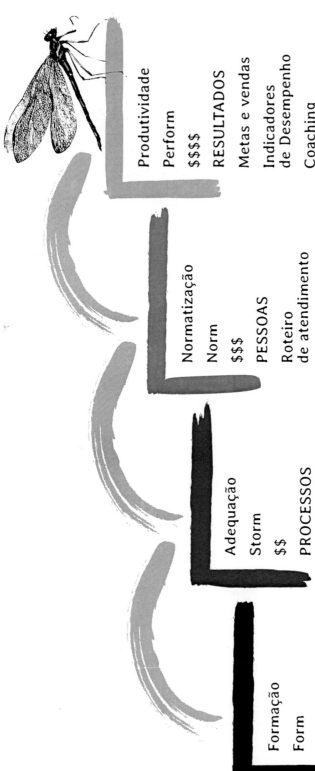

FORMAÇÃO

Processo de 0 até 90* dias desde a contratação.

Conhecido como prazo de experiência, observamos um profissional ansioso por aplicar seus conhecimentos, porém ineficiente no conhecimento técnico e nas rotinas da área. Uma força sem direção. Etapa importante para o gestor acompanhar e ensinar metodicamente as etapas e os processos da empresa.

Reforçamos nosso DNA e validamos os comportamentos necessários para o sucesso.

- **FOCO DE TRABALHO**
  DNA, missão, visão e valores, propósito organizacional, disciplina da rotina: uniforme, horários, boas práticas, uso de equipamentos de segurança obrigatórios, conhecimento do organograma e do fluxo de tomada de decisão.

- **CAPACIDADE PRODUTIVA ESPERADA**
  $, baixa capacidade, erros operacionais e custos diretos são esperados, devido ao modelo de aprender experimentando.

- **FERRAMENTA DE ORIENTAÇÃO**
  conselhos e dicas. Estimule em ambientes controlados, como capacitação, treinamentos e laboratórios, a possibilidade da experimentação e dos erros.

- **FERRAMENTA DE GESTÃO**
  integração. Lembre-se de que o primeiro dia de trabalho será o mais importante! É nesse dia que materializamos o início da construção da equipe. Apresente nesse dia, mais uma vez, a Descrição do Cargo e, pela primeira vez, a Avaliação de Desempenho. Os profissionais devem saber como serão avaliados (TRANSPARÊNCIA). No término da

ação (com 30 dias, 60 dias e 90 dias), faça uma Avaliação de Desempenho baseada nos pontos de construção do DNA, por exemplo, participação na integração, pontualidade na jornada semanal, assiduidade, uso adequado do uniforme, uso dos materiais de trabalho, preservação do patrimônio. A avaliação é baseada em fatos e evidências, e não sentimentos!

- **DIGA**
  "Eu tenho esse relatório, eu mapeei a sua rotina", "Tenho esses resultados".

- **EVITE**
  "Eu sinto você mais disposto ou triste", "Eu acho que você deveria..."

Estabeleça um plano de ação a cada avaliação e monitore. Lembre-se de que devemos prover um ambiente no qual a informação adequada esteja acessível ao profissional para o exercício do desafio intelectual. Faça o Plano de Ação e estabeleça os novos parâmetros, para os próximos 90 dias. "A partir de agora, vamos observar além desses elementos tratados em seus primeiros 90 dias, os seguintes..."

ADEQUAÇÃO

Processo de 90 até 180* dias desde a contratação.

Conhecido como ambientação ou adequação. Observamos um profissional aplicando seus conhecimentos e adaptando as regras recebidas. Confrontando o que sabe com o ambiente para o fazer. Nesse momento ele tende a testar e questionar os modelos atuais, trazendo inconsistência nos processos, o efeito serrote. O profissional está experimentando as possibilidades de conseguir melhores resultados com menor esforço. O líder deve atuar de forma diretiva e corretiva, valorizando as ideias e experiências anteriores que o profissional trouxer. Mostrar os ganhos já atingidos e o histórico da produtividade. Mostrar que ele teve sucesso até hoje e a empresa também. Que queremos unir as sabedorias e não polarizar com uma única prática e verdade absoluta. Utilizamos nessa etapa o Quadro de Vendas, ranking de produtividade, mix de produtos e serviços mais vendidos e a análise do ano anterior. Mostramos a evolução e o cenário. Para direcionar melhor as ações, reforçamos com os manuais operacionais, checklists de rotinas para implementarmos os hábitos desejados.

- **FOCO DE TRABALHO**
  PROCESSOS.

- **CAPACIDADE PRODUTIVA ESPERADA**
  $$, básica, inicia o processo de relacionar saber com fazer e com resultados. Diminuição dos erros operacionais e inconsistência das tarefas.

- **FERRAMENTA DE ORIENTAÇÃO**
  Feedback.

- **FERRAMENTA DE GESTÃO**
  Manual de Operações, guia departamental, fluxograma de tarefas e checklists. Ao término da ação, faça uma Avaliação de Desempenho baseada nos pontos de construção do PROCESSO, por exemplo, participação nos treinamentos técnicos e de produto, preenchimento correto dos relatórios e checklists, leitura do Manual de Operações e validação das rotinas. Observe que nessa etapa não nos deparamos mais com atrasos, mal uso de equipamentos e uniforme. Conforme vencemos as etapas, vencemos as dificuldades esperadas. Faça o plano de ação e estabeleça os novos parâmetros, para os próximos 90 dias.

NORMATIZAÇÃO

Processo de 180 até 270 dias* desde a contratação.

Conhecido como a consolidação das Normas. Observamos um profissional que defende as normas e regras da empresa, orientado a resultados e gestão do cliente. Como já possui o DNA e os processos, ele está mais orientado ao cliente e às pessoas, e se destaca nos resultados. Podem apresentar dificuldades na fidelização de clientes, e o gestor deve atuar mais como um líder questionador, para entender o raciocínio do colaborador evitando dar respostas prontas. O estímulo principal nessa fase é o desafio intelectual na conversão de resultados. Utilizamos Roteiros de Atendimento, SAC, mídias sociais, avaliação dos hábitos de consumo do cliente e os ruídos que ele passa em nossa experiência de compra. Nesse estágio, sua equipe já está pronta para se tornar treinadora departamental, uma vez que conhece o DNA, nossa forma de fazer (processos) e defende nossas regras (normatização).

- **FOCO DE TRABALHO**
  NORMATIZAÇÃO.

- **CAPACIDADE PRODUTIVA ESPERADA**
  $$$, média, efetiva correlação entre normas e resultados, entre hábitos e rotinas e consistência dos resultados. Apresentam comportamentos menos ousados e mais sistemáticos. Defensores dos clientes e da necessidade de atendermos sempre as necessidades apontadas por eles.

- **FERRAMENTA DE ORIENTAÇÃO**
  Feedback.

- **FERRAMENTAS DE GESTÃO**
  Roteiro de Atendimento ao cliente, pesquisa de satisfação, SAC, monitoria das mídias sociais, relatório de perfil do cliente e mapeamento de perfil de vendas. Ao término da ação, faça uma Avaliação de Desempenho baseada nos pontos de construção da NORMATIZAÇÃO e estabeleça os novos parâmetros, para os próximos 90 dias.

PRODUTIVIDADE

Processo de 270 até 360 dias* desde a contratação.

Conhecido como a maturidade em Produtividade, Processos e Vendas. Observamos um profissional que segue as normas, os roteiros e formulários, atinge e supera metas, entusiasma a equipe e apresenta competitividade entre os consultores. Faz a Gestão do Cliente, bem como do Mix de Produtos e auxilia o gestor nas estratégias comerciais. O Líder pode atuar de forma mais democrática para estimular o crescimento profissional e a habilidade de gestão de seu time. Os resultados se consolidam e a consistência nos indicadores de desempenho é percebida. Por exemplo: "precisamos elevar a avaliação dos clientes em nosso aplicativo, como vamos conseguir?" "Precisamos atingir essa meta financeira, o que podemos fazer esse mês?"

- **FOCO DE TRABALHO**
  RESULTADOS.

- **CAPACIDADE PRODUTIVA ESPERADA**
  $$$$, alta, resultados e metas batidos, ou mesmo superiores ao esperado. Senso estratégico e autogestão de produtividade

- **FERRAMENTA DE ORIENTAÇÃO**
  Coaching.

- **FERRAMENTAS DE GESTÃO**
Indicadores de Desempenho, relatórios financeiros e comerciais, quadro de gestão à vista, quadro de metas e atingimento. Ao término da ação, faça uma Avaliação de Desempenho baseada nos pontos de construção do RESULTADO, por exemplo, participação no crescimento da área e na solidificação dos números. Nesse momento, o profissional está produtivo, exercitando o desafio intelectual, com transparência e utilizando o pensamento crítico.

PONTO DE ALERTA!

Ao completar esse ciclo, ele não está apto para ser promovido! Ele está produtivo! Não misture as etapas. Se o profissional demonstrar interesse na carreira nas sessões de Avaliação de Desempenho, inicie a partir desse ponto a primeira etapa da Escada: Formação, com a estrutura gerencial. Por exemplo, os pontos que constituem um líder na Gestão Moderna: pensamento crítico, cuidado genuíno das pessoas, transparência, e como isso se relaciona na cultura de sua empresa.

Quando promovemos nosso colaborador mais produtivo sem passar pela Escada da Produtividade, ganharemos um líder sem estrutura de gestão e perderemos o faturamento, nosso melhor vendedor.

* prazos podem ser adaptados à sua equipe. Nesse caso, estimula-se um processo mínimo de 1 ano para alta produtividade profissional. Ou seja, um profissional só se paga se sair de férias! Só se torna produtivo se sair de férias! Assim controlamos o *turn over* – a taxa de rotatividade – e as razões pelas quais nossa equipe completa os ciclos de carreira e produtividade.

Como complemento à Escada, utilizamos ferramentas corporativas que estruturam ainda mais essa subida, como: Descrição de Cargos, Integração, Avaliação de Desempenho, Feedback e Coaching.

Na próxima página você encontrará a sua Escada da Produtividade, a ser preenchida!

Modo de usar:

1. Baseado no conhecimento das etapas, vamos distribuir seus colaboradores nos 4 estágios.

2. Coloque o nome de cada colaborador em cada estágio, que em sua avaliação estão. Lembre-se: não existe certo e errado, existem resultados!

3. Colete as evidências que justifiquem sua primeira distribuição (lembre-se de que tomamos decisões melhores quando nos baseamos em fatos e não em sentimentos!). Se não encontrar as evidências necessárias, desça um degrau.

4. Observe a distribuição do time e compare com seus resultados e a produtividade da equipe.

Formação
$

Adequação
$$

Normatização
$$$

Produtividade
$$$$

5. Agora responda:

- Que conclusão você chega ao observar pessoas e resultados?

- Que ações de sua escada você não está efetivando?

- Que ações você precisa realizar de imediato com cada profissional?

Essa ferramenta da Escada da Produtividade confirma e efetiva o nosso pensamento andragógico na Gestão Moderna. Quando construímos a escada, realizamos a JUSTIÇA em nossa gestão.

Quinta lição: Justiça

Pessoas diferentes, que estão em estágios diferentes, precisam de treinamentos e orientações diferentes, monitorias diferentes, metas diferentes e uma gestão diferente. Não podemos efetivar uma gestão igual para pessoas diferentes.

Precisamos adequar a nossa gestão para cada colaborador. Isso é ser justo.

Para alavancarmos resultados mais ágeis, como nossas Libélulas Negras, que conduzem seu voo com agilidade e precisão, precisamos conhecer a estrutura do Feedback na Gestão Moderna. Essa ferramenta é utilizada em 50% de nossa escada! Fundamental para que desenvolva a sua equipe.

ESTRUTURA DO FEEDBACK NA GESTÃO MODERNA

Feedback: termo em inglês que significa, em livre tradução, retroalimento.

Uma ferramenta de desenvolvimento de pessoas.

Não utilize a sessão para punir, use para desenvolver!

Ela eleva o degrau da escada de nosso colaborador. Está diretamente ligada à escada.

Está diretamente ligada à Descrição do Cargo. Está diretamente ligada à Avaliação de Desempenho. Está conectada aos resultados.

O objetivo de cada sessão é ajudá-lo a perceber causa e efeito, consequências de suas ações, tanto pra a construção e melhoria quanto para o afastamento dos resultados esperados. Mais do que dar dicas, é apresentar ao colaborador suporte e ferramentas para mudarem os resultados semana após semana.

APLICANDO O FEEDBACK!

1. É constituído por ciclos, que possuem 8 sessões. Cada sessão dura em média 10 minutos. O intervalo entre uma sessão e outra é de 1 semana. Toda sessão possui uma ata, um registro dos pontos apresentados e o direcionamento para o plano de ação que o colaborador se comprometerá a realizar.

2. Ocorrem de forma proativa, reservada e com confidencialidade. Reserve um espaço para o encontro, reserve e agende um horário em sua escala e do seu colaborador. Criamos um espaço para a conversa, transparente, com confiança, livre de julgamentos.

3. Utilizamos evidências para reforçar os comportamentos percebidos e apresentamos ao colaborador. Tenha-os sempre em mãos. Exemplos: se o profissional chega atrasado ao trabalho, tenha a folha de ponto em mãos. Se ele não bate a meta, tenha os relatórios de vendas e a meta que foi divulgada em mãos. Foque em elementos mensuráveis e não sentimentos.

4. Ouvir. Dê espaço para o profissional manifestar seu pensamento e reorganizar as ações. Faça perguntas para provocar o pensamento estruturado. Exemplos: "Que conclusão você chega ao ver esses relatórios?", "O que é preciso fazer de diferente para nos aproximarmos de nossa meta?", "Na sua experiência, o que precisamos fazer?"

5. Disponibilidade para a mudança. Reforce seu apoio e a importância dessa parceria entre líder e liderado. Pergunte: "Como eu posso contribuir neste momento para que você obtenha os resultados que procura?"

6. Construa uma ação. O Plano de Ação deve completar o pensamento em cada sessão. Lembre-se de que vamos preservar a qualidade das ações, e não as quantidades. Trabalhe 3 pontos por semana. Registre e peça que ele traga os relatórios comparativos de uma semana para a outra.

7. Observação. Observe como o colaborador faz a gestão dos pontos entre as sessões. Avalie se você disponibiliza as informações necessárias para que ele possa tomar novas decisões e mudar os resultados.

Após um ciclo de 8 semanas, com evidências, com a mensuração, o caminho do cuidado e as decisões a serem tomadas por você e pelo seu colaborador serão mais assertivos. Lembre-se de que queremos também melhorar a qualidade da tomada de decisão!

VAMOS FAZER!

A) Qual estágio da Escada em que sua equipe têm maior dificuldade?

B) Quais ferramentas você está utilizando atualmente para desenvolver cada colaborador em cada estágio?

C) Como efetua hoje as sessões de feedback? O que precisará adaptar para o feedback da Gestão Moderna?

D) Qual ganho percebe em sua equipe após as sessões?

PONTOS-CHAVE DO CAPÍTULO

- A Escada da Liderança.
- Formar, adequar, normatizar e produzir.
- Ferramenta: sua Escada da Produtividade.
- Justiça: ser justo em todas as nossas ações e decisões.
- A estrutura do feedback.

7
A NOVA COMPOSIÇÃO DE EQUIPES PRODUTIVAS

Equipes produtivas são compostas de Moscas Brancas e regidas por Libélulas Negras.

Libélulas Negras têm a responsabilidade de criar diferenciação, significado para a vida das pessoas e elevação da corresponsabilidade e coautoria no desenvolvimento das soluções e caminhos para as rotinas e decisões das empresas.

Estímulos mentais, pensamento crítico e autonomia.

Nossas equipes produtivas desenvolvem competências comportamentais (habilidades de comportamento pessoal, intrapessoal, verbal, não verbal, disciplina e responsabilidade) e técnicos (formação de competências específicas para a realização de um trabalho ou função, como cálculo, atendimento excelente, logística etc.).

Descontruir e construir. Divergir para convergir.

Pessoas diferentes, estímulos diferentes e tarefas diferentes: para encontrarmos um mesmo resultado sólido. Partindo do conhecimento individual, valorizando a experiência de vida de cada um.

Sexta lição: devemos construir para cada colaborador um caminho que possa ser percorrido.

Nós criamos um ambiente propício ao crescimento, ao aprendizado e à produtividade. É nossa responsabilidade.

Somos responsáveis por devolver à sociedade pessoas melhores e criar em nossa floresta o ambiente propício para o desenvolvimento.

As Libélulas Negras em São Chico mantêm o meio ambiente propício ao seu desenvolvimento. Elas preservam as características primordiais do meio onde vivem, garantindo sua sobrevivência e multiplicação. Criam um exército de insetos que de forma coletiva se protegem e preservam sua espécie.

A construção do ambiente, a estruturação para o processo de justiça e a elevação da produtividade são realizadas por meio da Avaliação de Desempenho. Ela determina o caminho, mensura e qualifica em um determinado espaço de tempo.

AVALIAÇÃO DE DESEMPENHO:

Mensuração de sua capacidade produtiva, realizada sempre por um líder, gerente ou supervisor direto ao colaborador. Ela compara a meta esperada com o seu resultado atingido em um determinado prazo. Aproveite esses momentos para avaliar a potência do colaborador e pontos de oportunidade de desenvolvimento. As avaliações ocorrem em períodos a serem combinados com a empresa. Sugerimos que você promova avaliações constantes, preferencialmente mensais. As avaliações estão estruturadas em comportamentos, habilidades e resultados, e para cada pilar vamos mapear o desenvolvimento de cada colaborador e ajudá-lo. As avaliações ocorrem de forma proativa e podem levar até uma hora.

Dessa forma, encontraremos uma equipe inserida em um ambiente de trabalho propício para seu desenvolvimento e cuidado. Equipes produtivas precisam de constante alimento e abrigo! Utilize sua estratégia de metas para compor o guia e termômetro de engajamento e capacidade produtiva individual.

Equipes de alta produtividade possuem sangue nos olhos! São ativas e focadas em serem melhores pessoas, melhores profissionais e os melhores naquilo que fazem.

Aos líderes dessas equipes de alta produtividade, destaco alguns **pontos de alerta**:

- Pessoas diferentes, estímulos intelectuais diferentes.
- Metas diferentes para estágios diferentes.
- Não comparar as pessoas, são diferentes! Logo são incomparáveis!
- Não julgar. Jamais!
- Não utilize sentimentos para tomar decisões.
- Faça mapeamento de comportamentos e mensuração de resultados.
- Autonomia: nossas equipes de alta produtividade precisão de autonomia para execução de suas tarefas.

Estamos construindo uma nova geração. Um novo modelo de trabalhar. Espaços compartilhados, home office, liberdade e flexibilidade de horários, direcionamento de vestimenta e apresentação pessoal descontruídos.

Corporações e empresas compostas por diversidade e igualdades: de gênero (ou melhor, sem gênero!), orientação sexual, etnia, credo, religião, escolaridade, deficiência física e mental, idade, cor e raça. Estamos criando um espaço para todos.

Nossa sociedade se vestiu de branco, nas ruas, contra a corrupção política.

Nos estádios contra o racismo.

Nas escolas e mesquitas contra a intolerância.

Por uma sociedade justa.

O branco é consolidação da convergência do pensamento popular.

As pessoas clamam, inclusive nas empresas.

Temos que garantir em nossa gestão e empresa esse espaço para essa sociedade manifestar os pensamentos críticos, que se formam após tantas transformações. Em que as diferenças alimentam o movimento da mudança e colaboram para que todos se sintam parte do processo e representados.

> **"O mandato de uma mulher negra, favelada, periférica, precisa ser pautado junto aos movimentos sociais, junto à sociedade civil organizada, junto a quem está fazendo para nos fortalecer naquele lugar onde a gente objetivamente não se reconhece, não se encontra e não se vê"**
>
> ## (Marielle Franco)

Observe que em seu discurso, a vereadora carioca e socióloga Marielle Franco utiliza a palavra "junto" três vezes. Fazer juntos. Encontrar as soluções juntos. Se fazer relevante. Quando não encontramos nos espaços do pensamento – escola e empresa – esse espaço, nos transformamos em militantes e sindicalistas. Vozes solitárias. Cabe ao gestor dar essa voz e fazer o movimento de elevar a nossa produtividade de forma coletiva e participativa por todos. Juntos.

A partir de agora, temos muito mais vida, mais referências, mais experiências e mais verdades absolutas para convergirmos! Na divergência nasce o movimento para a ação! Para a mudança! O sistema se retroalimenta se estimularmos o nosso exército de moscas brancas e o pensamento crítico transbordará.

VAMOS FAZER!

A) Qual o resultado das avaliações de desempenho de sua equipe?

B) Como você lida com a diversidade do pensamento?

C) Quais pontos você precisa dedicar tempo e aperfeiçoar para lidar com a igualdade?

PONTOS-CHAVE DO CAPÍTULO

- Estímulos mentais, pensamento crítico e autonomia.
- Descontruir e construir. Divergir para convergir.
- Devemos construir, para cada colaborador, um caminho que possa ser percorrido. Nós criamos um ambiente propício ao crescimento, ao aprendizado e à produtividade.
- Utilize a Avaliação de Desempenho.
- Como lidar com equipes de alta produtividade.

CONCLUSÃO

O VOO DA LIBÉLULA NEGRA

Autogestão é uma habilidade dos nossos tempos. Nossas carreiras como líderes são dinâmicas e seguem diversos caminhos. Cuide de sua carreira. Mantenha-se conectado aos movimentos colaborativos e de empoderamento de pessoas. Equipes de alta performance querem autonomia. A começar por nós.

Sétima lição: empoderamento

Vamos construir uma gestão em que nossos colaboradores possuam o poder da mudança, o poder da melhoria, o poder do crescimento.

Transmitir fundamentos de nosso propósito, criar uma Gestão Moderna e um ambiente onde todas as sementes de nosso jardim possam germinar. Empoderar as pessoas é garantir que elas percorram um caminho no qual o desafio intelectual é preservado, o pensamento crítico é estimulado e as verdades são múltiplas. E se tornam responsáveis pelos resultados que atingem.

A fórmula é antiga, e o pensamento apropriado: CHA

CONHECIMENTO

Transferimos. Sala de aula, workshops, leitura de livros, acompanhamento de rotinas. O conhecimento é transmitido de um para o outro, ele é viral. Lembre-se dos irmãos Villas-Bôas: registre! Use a tecnologia para isso! Vamos viralizar! Lives, stories, ensino a distância, web aulas, grupos de WhatsApp e todas as ferramentas para viralizar o conhecimento. Conhecimento se multiplica!

HABILIDADE

Praticamos. Fortalecer o uso e a constante execução das tarefas diárias para aprimorarmos a qualidade e velocidade da entrega de tarefas e metas. As libélulas negras são ágeis. E conseguem essa mudança de percurso apenas com a habilidade da visão.

ATITUDE

Contratamos. Invista na entrevista para mapear a atitude. Atitude se contrata, não se treina. Não se pratica. Ela acontece! Construa um ambiente que estimula a atitude e a experimentação.

Quando assumimos o poder, escrevemos as leis. Ditamos o curso. Aplicamos a nossa velocidade. Ganhamos seguidores. Nos tornamos exemplos. Temos a desejada liberdade para conduzir a equipe conforme a sua crença e o seu propósito.

E fortalecemos o antagonismo que nos trouxe até aqui:

Saber para fazer.

Processualizar para libertar.

Ponderar para empoderar.

Escuridão para luz.

E os antagonismos são os agentes da mudança. Os agentes do poder.

PONTOS-CHAVE DO LIVRO

Vamos revisar as 7 lições que aprendemos com as Libélulas Negras:

1. Crie o pensamento crítico.

2. Aprimore a forma de ensinar! Adultos aprendem de forma diferente de crianças.

3. Cuidar e se interessar genuinamente pelas pessoas. Isso constrói o engajamento. Engajamento constrói resultados.

4. Para construirmos confiança precisamos agir com transparência.

5. Justiça.

6. Devemos construir, para cada colaborador, um caminho que possa ser percorrido. Nós criamos um ambiente propício ao crescimento, aprendizado e a produtividade.

7. Empoderamento.

Faça como as Libélulas Negras de São Chico, insetos raros, discretos, ágeis e com uma capacidade única de reunir em seu voo precisão e leveza! A alta produtividade!

Para completarmos essa jornada de gestão, deixo uma reflexão final, do Padre António Vieira, no *Sermão da Sexagésima*, pregado na Capela Real em Lisboa, no ano de 1655:

"As flores,

umas caem, outras secam, outras murcham, outras levam o vento;

aquelas poucas que se pegam ao tronco e se convertem em fruto,

só essas são as venturosas,

só essas são as que aproveitam,

só essas são as que sustentam o mundo."

Somos o tronco.
Somos venturosos.
Somos a sustentação.
Somos líderes.

Somos Libélulas Negras.

Raphael Chagas